¡Mira, un delfín!

por Tessa Kenan

BUMBA BOOKS™
en español

EDICIONES LERNER ◆ MINNEAPOLIS

Nota para los educadores:

En todo este libro, usted encontrará preguntas de reflexión crítica. Estas pueden usarse para involucrar a los jóvenes lectores a pensar de forma crítica sobre un tema y a usar el texto y las fotos para ello.

Traducción al español: copyright © 2017 por ediciones Lerner
Título original: *Look, a Dolphin!*
Texto: copyright © 2017 por Lerner Publishing Group, Inc.

La traducción al español fue realizada por Annette Granat.

ediciones Lerner
Una división de Lerner Publishing Group, Inc.
241 First Avenue North
Mineápolis, MN 55401, EE. UU.

Si desea averiguar acerca de niveles de lectura y para obtener más información, favor consultar este título en www.lernerbooks.com

Library of Congress Cataloging-in-Publication Data

Names: Kenan, Tessa.
Title: ¡Mira, un delfín! / por Tessa Kenan.
Other titles: Look, a dolphin! Spanish
Description: Minneapolis : Ediciones Lerner, [2017] | Series: Bumba books en español. Veo animales marinos | In Spanish. | Audience: Age 4–8. | Audience: K to Grade 3. | Includes bibliographical references and index.
Identifiers: LCCN 2016024771 (print) | LCCN 2016029778 (ebook) | ISBN 9781512428650 (lb : alk. paper) | ISBN 9781512429428 (pb : alk. paper) | ISBN 9781512429435 (eb pdf)
Subjects: LCSH: Dolphins—Juvenile literature.
Classification: LCC QL737.C432 K4518 2017 (print) | LCC QL737.C432 (ebook) | DDC 599.53—dc23

LC record available at https://lccn.loc.gov/2016024771

Fabricado en los Estados Unidos de América
1 – VP – 12/31/16

Expand learning beyond the printed book. Download free, complementary educational resources for this book from our website, www.lerneresource.com.

Tabla de contenido

Delfines juguetones

Los delfines son animales

del océano.

Ellos viven en los océanos

alrededor del mundo.

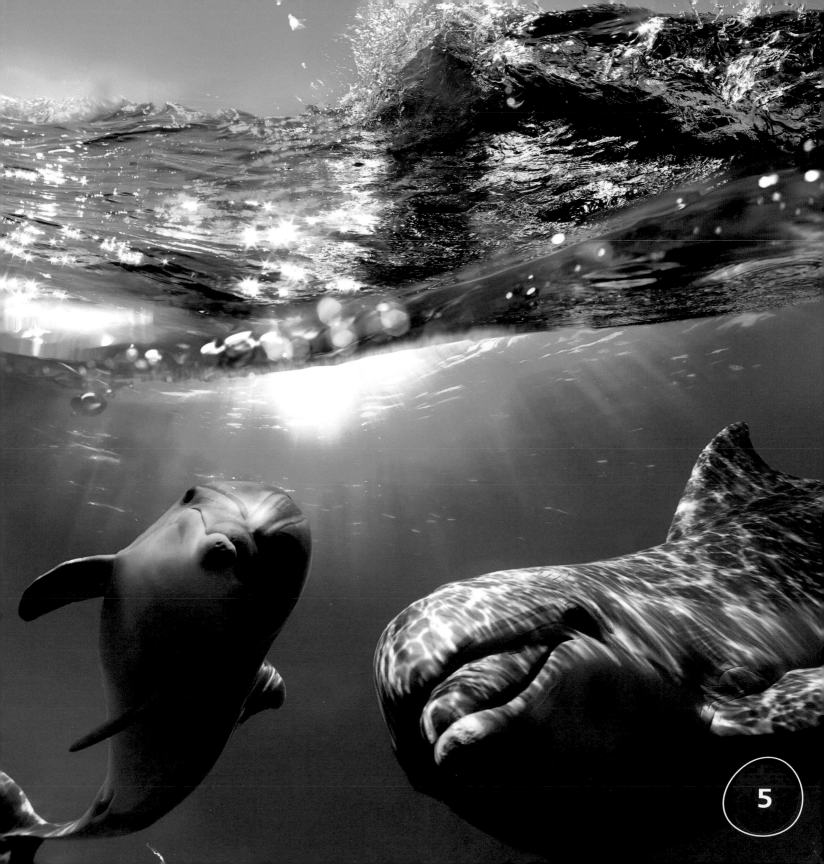

La mayoría de los delfines

son grises.

Tienen dos aletas.

Sus colas se llaman

aletas caudales.

Usan sus aletas caudales

para nadar.

Los delfines no pueden respirar debajo el agua.

Salen a la superficie en busca de aire.

Tienen un espiráculo encima de sus cabezas.

Los delfines lo usan para aspirar el aire.

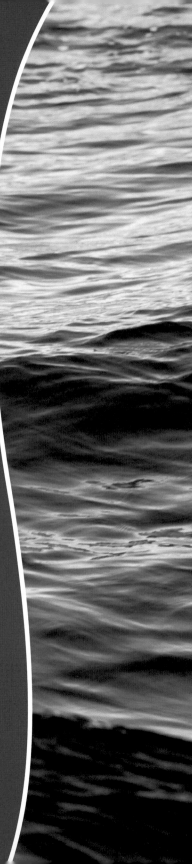

Los delfines juegan.

Ellos emergen del agua.

Nadan en las olas.

Muchos delfines viven juntos.

Su grupo se llama una manada

de delfines.

Los delfines en una manada

nadan juntos.

¿Por qué piensas que los delfines viven en una manada?

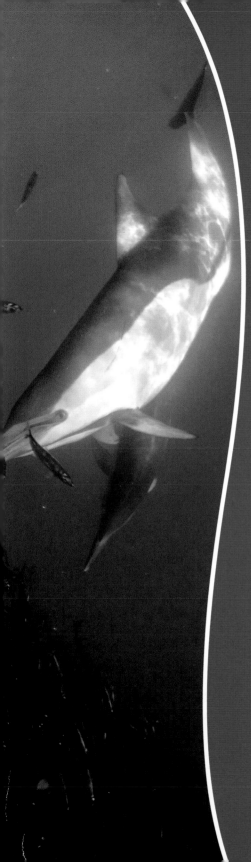

Una manada de delfines también caza junta. Los delfines atrapan a los peces. También atrapan calamares.

¿Por qué podría ser mejor a cazar en un grupo en vez de cazar solo?

Los delfines chasquean y silban.

El sonido alcanza su comida.

Después, el sonido rebota

de regreso a los delfines.

Les dice a los delfines dónde está

la comida.

Los delfines son mamíferos.

Sus bebés crecen dentro de ellos.

Generalmente, las madres tienen

un bebé a la vez.

El bebé se queda

con su madre.

Crece y aprende.

Partes de un delfín

espiráculo

aleta dorsal

aletas

aletas caudales

22

Glosario de las fotografías

aletas

partes del cuerpo que los delfines usan para guiarse

emerger

saltar fuera del agua

espiráculo

un agujero que los delfines usan para respirar

manada de delfines

un grupo de delfines

23

Índice

Leer más

Baines, Rebecca. *Dolphins*. Washington, DC: National Geographic, 2016.

McAneney, Caitie. *Bottlenose Dolphins*. New York: PowerKids Press, 2016.

Walker, Sally M. *Dolphins*. Minneapolis: Lerner Publications, 2008.

Crédito fotográfico